Achim Bröger
Die verzauberte Mathestunde und andere verhexte Schulgeschichten für Erstleser

Liebe Eltern,

jedes Kind ist anders. Eines kennt bereits alle Buchstaben in
der Vorschule und kann sie zu Worten formen. Ein anderes
lernt das ABC beim Eintritt in die Schule. Für das spätere
Leseverhalten ist das völlig unerheblich. Wichtig aber ist der
Spaß am Lesen – und zwar von Anfang an. Darum muss sich
die konzeptionelle Entwicklung von Lesetexten an den
besonderen Lernentwicklungen des einzelnen Kindes
orientieren.
Wir haben deshalb für unser Bücherbär-Erstleseprogramm
verschiedene Reihen für die Vorschule und die ersten beiden
Schulklassen entwickelt. Sie bauen aufeinander auf und holen
die unterschiedlich entwickelten Kinder dort ab, wo sie sind.
So wird der Lernprozess für den Anfänger leichter und die
Freude am Lesen hält ein Leben lang.

Die Bücherbär-Reihe *Eine Geschichte für Erstleser* richtet
sich in der Regel an geübte Leseanfänger im zweiten Halbjahr
der 1. Klasse. Mit einer ersten längeren durchgehenden
Geschichte macht das erste Lesen viel Spaß.

Achim Bröger

Die verzauberte Mathestunde

und andere verhexte Schulgeschichten
für Erstleser

Mit farbigen Illustrationen
von Detlef Kersten

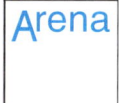

1. Auflage 2011
© Arena Verlag GmbH, Würzburg 2011
Alle Rechte vorbehalten
Einband und Innenillustrationen: Detlef Kersten
Gesamtherstellung: Westermann Druck Zwickau GmbH
ISBN 978-3-401-09809-8

www.arena-verlag.de

Inhalt

Achim Bröger
Jakob und sein Zauberhut

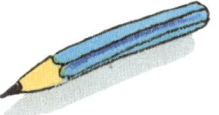

Was für ein Schultag!

1. Kapitel

Mama kommt in Jakobs Zimmer.
Sie sagt: „Wir gehen jetzt, Papa
und ich.
Du musst in zwanzig Minuten los.
Und setz deine neue Mütze auf!
Es regnet."
Sie gibt Jakob einen Kuss.
Schon ist sie draußen.
Mama hat es eilig.
Denn sie muss zur Arbeit,
genau wie Papa.

Der kommt jetzt auch rein.

Er sagt: „Rike kann nicht zur Schule.

Ihr ist schlecht.

Und vergiss deine Mütze nicht!

Tschüss."

Jakob geht über den Flur.

Vorbei am Zimmer seiner kleineren
großen Schwester.

Die krank im Bett liegt.

Bestimmt ist die größere
große Schwester schon weg.

In der Küche trinkt Jakob Kakao
und isst sein Brot mit Nusscreme.

Danach muss er los.

Der Ranzen steht im Flur.

Ach, da liegt auch die Mütze.

Das doofe Ding.

Eigentlich ist es mehr ein Hut.
Der sieht aus
wie ein riesiger blauer Eierwärmer
mit Krempe.
Tante Ulla hat ihm den geschenkt.
Quietschhässlich, das Ding.

Sie hat Jakob angestrahlt
und gesagt:
„Der Hut wird dir Spaß machen.
Bestimmt!"
Jakob setzt ihn auf.
Dann sieht er in den Spiegel.
Oh Gott, ist der Hut furchtbar!
Er zieht ihn bis über die Ohren.

Glatt fasst er sich an.
Jakob entdeckt
einen silbrigen Faden in der Krempe.
Er dreht sie.
Jetzt steht der Faden
genau über seiner Nase.
Aber was ist da im Spiegel?
Nichts!
Jakob sieht seinen Hut nicht.
Und sich selbst
sieht er auch nicht mehr.
Jakob erschrickt.
Hin und her dreht er sich
vor dem Spiegel.
Er bleibt verschwunden.
Jetzt fasst er sich an.
Er fühlt sich.
Aber er ist unsichtbar.

Ob das mit dem neuen Hut
zu tun hat?
Er dreht ihn.
Zack! Jakob ist wieder da.
Nun dreht er
den silbrigen Faden der Hutkrempe
über seine Nase.
Wie vorhin.
Zack! Jakob ist weg.
Wieder und wieder probiert er das.
Schließlich weiß er:
Der Faden muss genau
über meiner Nase stehen.
Dann bin ich unsichtbar! Einfach weg!
Ein tolles Ding, dieser hässliche Hut.
Jakob überlegt,
was er als Unsichtbarer
anstellen könnte.

Große ärgern.

Zu Merles Geburtstag gehen.

Sich alles nehmen, was er will.

Ihm fällt sofort jede Menge ein.

Jetzt hebt Jakob den Ranzen

und sieht in den Spiegel.

Beide sind unsichtbar,

der Ranzen und er.

Also wird wohl alles unsichtbar,
was ihm gehört.
Das sind zum Beispiel:
seine Kleidung und der Ranzen.
Jakob freut sich richtig
auf die Schule.
Dort wird's heute aufregend.
Er will losgehen.
Da hört er Fernsehgeräusche.
Aber außer ihm
ist nur Rike zu Hause.
Und die liegt krank im Bett.
Leise öffnet Jakob
die Wohnzimmertür.
Seine Schwester sitzt
vor dem Fernseher.
Die Füße auf dem Tisch.

Vor sich eine Cola,
daneben Salzstangen.
Ach, die hat keine Lust auf Schule.
Dann tut sie immer so,
als wäre sie krank.
Dich mach ich wieder gesund!,
nimmt sich Jakob vor.

Rike erschrickt.

Denn da kichert jemand.

Sie guckt sich um. Niemand zu sehen.

Plötzlich läuft ein anderes Programm
im Fernsehen.

Schnell drückt Rike die Fernbedienung.

Nun ist der Ton weg.

Dafür singt
jemand im Radio.
Rike stellt es ab
und den Fernsehton an.
Auf einmal wird der Tisch
mit einem Ruck nach vorne gezogen.
Rikes Füße fallen runter.
Sie springt auf.
Guckt hinter den Sessel.
Niemand da.

Jetzt greift Rike zur Cola.
Aber sie kriegt die Flasche
nicht vom Tisch.
Die steht wie festgehalten.
Nun schwebt die Fernbedienung
durch den Raum,
genau auf Rike zu.
Sie greift danach.
Weg ist sie.
Die Colaflasche wird angehoben.
Rike starrt hin.
Da ist doch niemand!

Trotzdem gluckert es.

Und die Cola wird weniger.

Nur weg hier!, denkt Rike.

Gleich darauf rennt sie zur Schule.

Jakob sitzt in der Küche

und freut sich.

Seinen blauen Hut

hält er in der Hand.

„Wunderbares Ding", flüstert er.

Dann geht auch er zur Schule.

Natürlich unsichtbar.

2. Kapitel

Oje, Jakob kommt zu spät.
Bestimmt schimpft seine Lehrerin,
Frau Puck.
Jakob öffnet das große Schultor.
Der Hausmeister sieht,
dass das Tor aufgeht.
Aber niemand kommt rein.
Das gibt's doch nicht.

Jetzt wird das Tor geschlossen.
Dann hört der Hausmeister
eine Stimme: „Guten Morgen."
Er dreht sich um. Die Halle ist leer.
Der Hausmeister nimmt
einen Zug aus seiner Zigarette.
Den Rauch pustet er weg.
Aber was ist das?
Der Qualm wird zurückgepustet.

Dazu sagt eine Stimme:
„Igitt, stinkt das.
Hier ist Rauchen verboten!"
Stimmt, er sollte hier nicht rauchen.
Aber es ist ja niemand da,
der das sieht.
Oder versteckt sich jemand irgendwo?
Der Hausmeister legt die Zigarette
in den Aschenbecher.
Der steht auf dem Fensterbrett.
Dann geht er einige Schritte
in die Halle.

 Da hört er ein Räuspern.
Er dreht sich um.
Im Aschenbecher
wird seine Zigarette ausgedrückt.
Nun schwebt der Aschenbecher
an ihm vorbei.

Er schwebt zum Abfalleimer.
Dort fällt er rein.
Das Rauchen bekommt mir nicht,
denkt der Hausmeister.
Ich sehe Dinge,
die nicht passieren können.
Ich sollte mit dem Rauchen aufhören.

Jakob geht zu seiner Klasse.
Es gefällt ihm, unsichtbar zu sein.
Hinten im dunklen Flur
steht Hubert aus der Vierten.
Den nennen alle King Hubert.
Der ärgert und schlägt andere gerne.
Vor allem Kleine.
Und er kommt wohl auch zu spät.
Aber was macht er eigentlich da
vor dem Zimmer der dritten Klasse?

Er steht vor den Jacken.

Die hängen an Kleiderhaken.

Hubert guckt,

ob jemand kommt.

Dann greift er in eine Jackentasche.

Er nimmt etwas heraus.

Ein Geldstück.

Schon greift er

in die nächste Tasche.

King Hubert klaut!

Eigentlich hat Jakob Angst
vor dem großen Jungen.
Trotzdem rennt er zu ihm.
So leise er kann.
Wieder wühlt Hubert
in einer Tasche.
Nun tippt ihm jemand
auf den linken Arm.
Hubert wirbelt herum.
Niemand da.

Jetzt zieht ihn jemand
am rechten Ohr.
Ganz fest.
Und er kriegt einen Tritt
gegen das Schienbein.
King Hubert jault auf.
Er wirft das geklaute Geld hin.
Dann rennt er weg.

Jakob steht vor seiner Klasse,
der 2 b.
Leise öffnet er die Tür.
Erst einen Spalt, dann weiter.
Die Kinder sehen zu Frau Puck,
die Rechenaufgaben
an die Tafel schreibt.
Plötzlich quietscht die Tür.
Alle gucken hin, auch Frau Puck.
Jetzt geht sie
zur offen stehenden Tür.
Sie sieht in den Flur.
Da ist niemand.
Verblüfft schließt sie die Tür.
Einen Moment meint sie,
sie hätte jemanden gestreift.
Jakob geht zu seinem Platz
in der letzten Reihe.

Jan, sein Tischnachbar,
sieht aus dem Fenster.
Er träumt vor sich hin.
Wie immer.
Jakob setzt sich auf den Stuhl.
Dann nimmt er seinen Hut ab.

Frau Puck fragt:
„Wer kann
die erste Aufgabe ausrechnen?"
Jakob hebt den Finger.
Jetzt bemerkt die Lehrerin Jakob.
Erstaunt sagt sie:
„Du bist ja doch da."
Er guckt unschuldig und nickt.

Jan erschrickt.
Denn er hat keine Ahnung,
woher Jakob so plötzlich kommt.
Begeistert schiebt der
seinen Hut ins Fach unterm Tisch.
Nun guckt er zu Merle.
Sie sitzt
am zweiten Tisch beim Fenster.
Jakob sieht sie richtig gerne an.
Er findet sie nämlich toll.

Toll nett und toll schön.
Wenn er sie ansieht,
möchte er ein Herz malen.
Für sie
und ihr das Herz schenken.
Aber das traut er sich nicht.
Am liebsten möchte er auch
neben ihr sitzen.
Da fällt Jakob ein:
Heute setz ich mich neben sie.
Außerdem schenk ich ihr was.
Auf ein Stück Papier
malt er ein rotes Herz.
So schön er kann.
Dabei überlegt er:
Schreibe ich unter das Herz:
„Von Jakob"?
Ne, das wagt er nicht.

Dafür schreibt er: „Von J."
Niemand beobachtet Jakob.
Er setzt den Hut auf.
Mit dem Zeigefinger spürt er
den silbrigen Faden an der Krempe.
Jetzt steht er genau über der Nase.
Zack! Jakob ist weg.
Er geht zwischen den Tischen entlang.
Die Lehrerin guckt
durch ihn hindurch.

An der Tafel ist viel Platz.

Jakob nimmt ein Stück rote Kreide.

Dann sieht er zu Merle.

Und er malt noch ein Herz.

Plötzlich ruft jemand:

„An der Tafel malt was!"

Frau Puck dreht sich um.

Sie sieht ein Herz an der Tafel.

Wahrscheinlich habe ich das

bisher übersehen, denkt sie.

Der Unterricht geht weiter.
Jakob schleicht zu Merles Tisch.
Sie sitzt da alleine.
Ihre Tischnachbarin ist weggezogen.
Jetzt setzt sich Jakob
auf den freien Stuhl neben sie.
Er sieht sie an.
Und Merle sieht zur Lehrerin.
Vorsichtig legt Jakob
das weiße Blatt mit dem roten Herzen
neben Merle.
Als er es loslässt,
wird es sichtbar.
Aber Merle sieht nicht hin.

Jakob rückt mit dem Stuhl
näher zu ihr.
Dann noch näher.
Dabei knarrt der Stuhl.
Jetzt sieht Merle zur Seite.
Da bemerkt sie
das rote Herzblatt.
Jakob bemerkt sie nicht.
Sie nimmt das Blatt
und sieht es genau an.
Jakob ist sehr aufgeregt.
Nun legt Merle das Blatt
unter ihren Tisch.
Sie hat das Herz gefunden,
freut sich Jakob.
Am liebsten möchte er
neben ihr sitzen bleiben.
Sichtbar.

Aber das geht nicht so einfach.
Zuerst müsste er das
mit Merle besprechen.
Vielleicht will sie es gar nicht.
Leise steht Jakob auf.
Er setzt sich
wieder auf seinen Platz.
Jan starrt vor sich hin.
Und Jakob nimmt den Hut ab.

3. Kapitel

Jakob spaziert über den Pausenhof.
Unsichtbar.
An der Mauer drüben
steht Merle mit Tanja und Maike.
Jakob hat sich noch nie getraut,
in der Pause zu Merle zu gehen.
Heute traut er sich.
Eben fragt Maike Merle:
„Wen lädst du
zu deinem Geburtstag ein?"
Merle antwortet:
„Euch beide auf alle Fälle."
Da hört sie neben sich
ein Flüstern: „Mich auch?"
Außer Tanja und Maike
ist niemand in der Nähe.

Seltsame Dinge
passieren heute.
Zuerst liegt ein Herz
auf ihrem Tisch.
Dann hört sie eine Stimme.
Maike fragt:
„Lädst du Jungen ein?"
Merle antwortet:
„Ich weiß noch nicht."

King Hubert aus der Vierten
stolziert herum.
Natürlich mit seinen zwei Freunden
Manfred und Heiko.
Das sind ziemlich große Jungen
aus seiner Klasse.
Manfred hält
einige Stücke Kuchen in der Hand.
Die hat er von seinem Vater.
Der ist Bäcker.
Manfred teilt den Kuchen
mit Hubert und Heiko.
King Hubert muss jemanden ärgern.
Da hat er auch schon
ein Opfer gefunden.
Natürlich ein Erstklässler.
Hubert tippt ihm auf die Schulter.
Der Kleine dreht sich um.

Ängstlich sieht er
in Huberts grinsendes Gesicht.
Der sagt:
„He, ich krieg zwei Euro von dir."
„Warum?", fragt der Junge.

Hubert schnauzt ihn an:
„Weil ich die zwei Euro will.
Die hab ich dir geliehen."
„Stimmt nicht",
sagt der Kleine weinerlich.
Er will weglaufen.
Aber schon hält ihn Heiko fest.
Drohend verlangt Hubert:
„Gib das Geld her!"
„Ne", sagt der Junge,
„Aber ich … ich sag's meiner Lehrerin,
dass du so gemein bist."
King Hubert geht nah
zu dem Jungen und flüstert:
„Das wagst du nicht.
Du gibst mir das Geld. Her damit!"
Heiko dreht dem Jungen
den Arm um.

Manfred steht grinsend daneben.
Immer mehr Kinder sehen zu.
Aber niemand tut was.
Jetzt kommen auch Merle, Maike
und Tanja.
Merle verlangt: „Lass ihn los!"
„Was quakt die hier rum?",
fragt Hubert.

Plötzlich tippt ihm jemand
auf die Schulter.
Wie vorhin im Flur.
King Hubert guckt sich um.
Aber da steht keiner.
„Her mit dem Geld!",
blafft Hubert den Kleinen an.
Doch jetzt bekommt er
einen gewaltigen Tritt.
In den Hintern.
Er wirbelt herum.
Da stehen bloß Manfred und Heiko.
Ob das einer von denen war?
Hubert packt den Kleinen.
In diesem Moment hört er
eine Stimme hinter sich:
„Lass ihn los!"
Hubert dreht sich um.

Jetzt fliegt ein Kuchenstück
auf ihn zu.

Direkt aus der Hand von Manfred.

Hubert starrt das Kuchenstück an.

Es fliegt gar nicht schnell.

Aber unheimlich zielgenau.

Eine Stimme sagt:

„Das ist eine Quarktasche.

Guten Appetit!"

Und die Quarktasche klatscht
in Huberts Gesicht.
Nun fragt die Stimme:
„Magst du Streuselkuchen?"
Schon landet
ein Stück Streuselkuchen
in Huberts Gesicht.
Hubert flucht.

Doch auch diesmal
stehen hinter ihm
nur seine beiden Freunde.
Aus der Hand von Manfred
flog der Kuchen.
Wütend stürzt sich Hubert auf ihn.
Schon prügeln sich die beiden.
Der Erstklässler ist weggelaufen.
Jakob guckt Manfred und Hubert zu,
die sich auf dem Boden wälzen.

Merle überlegt:

Woher kommt Jakob so plötzlich?

Ihr fällt sein witziger Hut auf.

Den hat sie noch nie gesehen.

Dann überlegt Merle weiter:

Ob Jakob das Herz für mich gemalt hat?

Es stand ja „Von J." darauf.

J wie Jakob.

4. Kapitel

In der dritten und vierten Stunde
bleibt der Hut unterm Tisch.
Schließlich ist die Schule zu Ende.
Jetzt setzt Jakob
seinen Hut wieder auf.
Frau Puck ruft:
„Oh, Jakob, der Hut sieht toll aus!"

Aber Jakob ist schon verschwunden.
Gleich darauf kommt er aus der Schule.
Natürlich unsichtbar.
Er möchte ein Stück mit Merle gehen.
King Hubert wartet vor dem Schultor.
Und da ist der Junge, dem Hubert das
Geld wegnehmen wollte.

Drohend stellt sich Hubert vor ihn.

Er sagt: „Ich krieg noch zwei Euro!"

Der Kleine rennt weg.

Hubert hinterher.

Aber was ist los?

King Hubert kommt nicht voran.

Jemand hält ihn von hinten

an seinen Gummihosenträgern fest.

Hubert fährt herum.

Es ist wie verhext.
Er sieht niemanden.
Hubert rennt weiter.
Plötzlich spürt er
keinen Widerstand mehr.
Im nächsten Augenblick
klatschen die Hosenträger
auf Huberts Rücken.
Hubert wird nach vorne gestoßen.

Ungebremst.
Die Kraft der Hosenträger
katapultiert ihn blitzschnell
an dem kleinen Jungen vorbei.
Hubert rennt immer weiter.

Ein fürchterlicher Tag!, denkt er.
Alles geht schief.
Ich will nach Hause.

Merle geht mit Maike und Tanja.
Auf einmal hört sie
leise Schritte neben sich.
Aber sie sieht niemanden.
Die Mädchen reden wieder
über die Geburtstagsfeier.
Merle sagt:
„Ich lade doch einen
oder zwei Jungen ein."
„Mich?",
fragt eine leise Stimme neben ihr.

Tanja und Maike
haben nichts gehört.
Jetzt biegen die beiden
nach links ab.
Merle geht alleine weiter.
Trotzdem hat sie das Gefühl,
gar nicht alleine zu sein.
An einer Hauswand neben ihr
lehnt ein Roller.
Plötzlich fährt er los.
Ganz schnell.
Er umkreist sie, einmal, zweimal.
Merle greift nach ihm.
Weg ist er.

Jetzt fährt er geradeaus.

Dann liegt er auf dem Gehsteig.

Merle geht näher heran.

Auf das graue Pflaster vor ihr

wird ein Herz gemalt.

Mit roter Kreide.

Schon wieder ein Herz!

Der Roller fährt zurück.

Merle dreht sich um.
Nun lehnt er
an der Wand wie vorhin.
Gleich darauf rennt jemand
an Merle vorbei.
Sie hört Schritte,
sieht aber niemanden.
Erstaunt geht sie weiter.
Und wer trottet plötzlich vor ihr?
Ganz zufällig?
Wie vom Himmel gefallen?
Jakob.

Der geht so langsam,
dass sie ihn überholt.
„He, Jakob", sagt sie.
Dann gehen sie nebeneinander.
Merle wusste gar nicht,
dass sie denselben Schulweg
haben.

Sie fragt Jakob:

„Dein Hut sieht toll aus.

Ist der neu?"

„Ja, ich hab ihn von meiner Tante.

Zuerst fand ich ihn doof.

Aber jetzt mag ich ihn," sagt Jakob.

Er überlegt,

ob er Merle den Hut leihen sollte.

Damit sie merkt,

wie wunderbar der ist.

Aber heute noch nicht.

Vielleicht ein anderes Mal.

Sie reden miteinander.

Ein schönes Gefühl ist es für Jakob,

mit Merle zusammen zu sein.

Nun fragt sie:

„Sag mal, hast du

das Blatt mit dem Herz gemalt?"

Jakob wird knallrot.

Am liebsten wäre er sofort unsichtbar.

Damit er nicht antworten muss.

Dann sagt er aber doch:

„Ja, es ist von mir."

„Hab ich mir gedacht", meint Merle.

Mehr nicht.

Gleich darauf sagt sie:

„Ich muss hier rechts lang."

Jakob muss nach links.
Also trennen sie sich.
Schade, er wollte Merle
noch so viel erzählen.
Und sie wollte ihn
noch so viel fragen.
Es sind ja wirklich
einige merkwürdige Dinge passiert.
Ob Jakob damit zu tun hat?,
überlegt Merle.
„Warte mal", sagt sie
und fragt ganz schnell:
„Willst du am Montag
zu meinem Geburtstag kommen?"
„Au ja", antwortet Jakob.
Wie ein Blitz
durchzuckt ihn die Freude.
Merle geht nun nach rechts.

Jakob nach links.
Dann dreht er sich um.
Er sieht hinter Merle her.
In dem Augenblick
dreht sie sich auch um.
Guckt hinter ihm her.

Sie hat ihn eingeladen!

Zum Geburtstag.

Jakob könnte vor Freude schweben.

Bald wird er sie fragen,

ob er neben ihr sitzen darf.

Das wünscht er sich schon lange.

Seit der ersten Klasse nämlich.

Ohne seinen Hut

hätte er Merle nicht getroffen.

So „ganz zufällig".

Das hätte er sich nicht getraut.

Bald wird Jakob zu Hause sein.

Vielleicht ist schon

eine seiner großen Schwestern da.

Die könnte er ein bisschen ärgern.

Unsichtbar ist das ganz leicht.

Jakob kommt

an einem Schaufenster vorbei.

Er spiegelt sich darin.
Mit blauem Hut auf dem Kopf.
Ein tolles Ding, dieser Hut.
Mit dem wird er noch viel erleben.
Garantiert.

Spuk im Lehrerzimmer

1. Kapitel

Noch diese und die nächste Stunde.
Dann ist die Schule für heute vorbei.
Jakob guckt zu Merle.
Sie sitzt am zweiten Tisch beim Fenster.
Er muss oft zu ihr gucken.
Denn er mag sie gerne.
Heute hat sie Geburtstag.
Bestimmt feiert sie am Nachmittag.
Jakob seufzt.
Vor einigen Tagen hat Merle gesagt,
er soll mitfeiern.
Als einziger Junge.
Aber dann hat sie nicht mehr
darüber geredet.
Sie traut sich wohl nicht,
mit ihm zu sprechen.

70

Einige aus der Klasse lästern nämlich
über sie beide.
An der Tafel steht:
„Merle und Jakob sind vergnutscht!"
Verknutscht mit g.
Am liebsten möchte Jakob
zu Merle gehen.

Der Platz neben ihr ist frei.

Plötzlich denkt er:

Ich tu's einfach!

Ich hab ja meinen Hut mit.

Der sieht superdoof

und knatterhässlich aus.

Aber er ist wunderbar.

Jakob holt ihn unterm Tisch vor.

Glatt fasst der Hut sich an.

Und blau ist er.

Er hat eine breite Krempe.

Vorsichtig setzt Jakob ihn auf.

Niemand merkt es.

Auch sein Tischnachbar Jan nicht.

Der kriegt fast nie was mit.

An der Krempe tastet Jakob

nach dem silbrigen Faden.

Da ist er.

Nun dreht er den Hut,
bis der Faden
genau über seiner Nase steht.
Zack! Jakob ist unsichtbar.
Einfach weg.
Jakob will zu Merle.
Schon steht er hinter der Lehrerin.
Frau Puck geht von Bank zu Bank
und schaut sich die Hausaufgaben an.
Jetzt macht sie einen Schritt zurück.

Wumm!, läuft sie gegen Jakob.
Erschreckt fährt sie herum.
Sie sieht niemanden. Seltsam. Sehr
seltsam.

Jetzt steht Jakob an der Tafel.
Dieses doofe
„Merle und Jakob sind vergnutscht!"
ärgert ihn.
Zuerst wischt er das falsche g weg.
Schon ruft Timo:
„An der Tafel ist
ein Buchstabe verschwunden!
Da steht ver. . .nutscht."
Frau Puck sieht sich gerade
Pauls Heft an.
Sie schaut hoch und sagt ärgerlich:
„Buchstaben verschwinden nicht!"

Jakob nimmt den Schwamm.

Mit Schwung wischt er alles weg.

Nun ruft Isabell:

„Der Schwamm wischt an der Tafel

rum. Einfach so!"

„Erzähl keinen Quatsch!",

sagt Frau Puck.

76

Sie schaut nach vorn zur Tafel.

An der Tafel steht nichts.

Leise setzt sich Jakob
neben Merle.

Und er wünscht sich:

Sie soll mich noch einmal richtig
zum Geburtstag einladen.

Natürlich sagt er nichts.
Aber er will ihr was hinlegen,
damit sie an die Einladung denkt.
Vielleicht ein Geschenk,
bei dem sie gleich erkennt:
Das ist von Jakob.
Leider hat er keines.
Er guckt in der Klasse herum.
Das Bild an der Wand ist schön.

Eine Wiese mit blühenden Blumen.
Aber die kann er nicht nehmen
und sie Merle schenken.

Denn wenn die Blumenwiese
durch die Klasse schwebt,
wird Frau Puck ohnmächtig.
Jakob kichert
und Merle sieht zu ihm hinüber.
Dann fasst sie dahin, wo er sitzt.
Schnell springt Jakob auf.
Niemand soll wissen,
dass er unsichtbar sein kann.
Auch Merle nicht.

Beim Rüberfassen hat Merle
Stoff gespürt.
Sie guckt genau hin.
Da ist niemand.
Das kann nicht sein.
Ich spinne!,
denkt Merle.
Jakob überlegt:
Im Klassenraum finde ich
kein Geschenk.
Also suche ich im Schulhaus eines.
Er schleicht zur Tür.
Jetzt nimmt er die Klinke
in beide Hände.
Langsam drückt er sie nach unten.
Es quietscht.
Doch niemand bemerkt etwas.
Jakob schlüpft hinaus.

Doch auch im Flur findet Jakob
kein Geschenk.
Er steht vor dem Lehrerzimmer.
Da drin war er noch nie.
Vielleicht finde ich dort etwas
für Merle, denkt Jakob.

2. Kapitel

Jakob öffnet die Tür einen Spalt.
Er sieht eine Lehrerin.
Sie sitzt alleine an einem
großen Tisch
und korrigiert Hefte.
Jakob huscht in den Raum
und guckt sich im Lehrerzimmer um.
Es ist richtig gemütlich eingerichtet,
mit Bildern an den Wänden
und Blumentöpfen auf
dem Fensterbrett.
Aber ein Geschenk für Merle
kann Jakob leider nicht entdecken.
Da kommt der Rektor herein,
Herr May.

Den nennen alle Rektor Kugelblitz,
denn er ist pummelig und schnell.
Nun setzt er sich neben die Lehrerin.
Vor ihm liegt eine Tüte Lakritze.
Plötzlich weiß Jakob,
was er Merle schenken will: Lakritze.

Aus den Lakritzstückchen wird er
ein J formen.
J wie Jakob.
Das legt er neben Merle.
Wenn sie das sieht,
denkt sie an ihn.
Hoffentlich lädt sie ihn dann
zum Geburtstag ein.
Jakob greift nach der Lakritze.
Da nimmt der Rektor sie.
Er reißt die Tüte auf.
Zwei Stücke verschwinden

in seinem Mund.

„Mhhm, lecker!"

Dann seufzt er:

„Ich nasche zu viel.

So nehme ich nie ab."

Jakob denkt:

Der soll was übrig lassen.

Sonst hab ich kein Geschenk.

Wieder greift der Rektor
nach der Lakritze.
Allerdings greift er daneben.
Denn die Tüte ist weggehüpft.
Misstrauisch betrachtet
Rektor Kugelblitz die Tüte.
Die liegt ruhig und unschuldig da.
Jetzt entdeckt Jakob
einen Korb voller Äpfel und Möhren.
Der steht auf dem Tisch.
So was ist viel gesünder
für den Rektor.
Davon wird er nicht dick.
Noch einmal fasst Rektor Kugelblitz
nach der Lakritze.
Da hält er eine Möhre in der Hand.
„Nanu!", staunt er
und knabbert an der Möhre.

Gleichzeitig schiebt er
die freie Hand zur Lakritze.
Dann greift er danach.
Aber was hält er in der Hand?
Wieder eine Möhre.

„Verdammtes Gemüse!", flucht er.
Erstaunt sieht ihn die Lehrerin an.
Plötzlich ist die Lakritze verschwunden!
Dafür liegen fünfzig Cent
auf dem Tisch.

Schließlich will Jakob nichts umsonst.
Streng fragt der Rektor die Lehrerin:
„Haben Sie die Tüte genommen?"
„Nee", antwortet die Frau.
„Ich mag keine Lakritze."
Jakob hat die Tüte
in seine Tasche gesteckt.
Darin ist sie unsichtbar wie
seine Kleidung.
Nun hört er die Schulklingel.
Die Pause beginnt.
Gleich darauf kommen
die Lehrer herein.
Schon hockt Jakob
unterm großen Tisch.
So stößt er mit keinem zusammen.
Die Beine vor ihm
sind wahrscheinlich die von Frau Puck.

Mal hören, ob das stimmt.
Jakob drückt auf ihren großen Zeh
im Schuh.
Und sie ruft: „Aua!"
Ja, das ist sie.
Ihr zweiter Schuh sieht schmutzig aus.
Den will Jakob putzen.

Er kriecht unter dem Tisch hervor.
Dann geht er zum Waschbecken.
Jakob dreht den Wasserhahn auf
und befeuchtet einen Lappen.
Mit dem geht er zurück zum Tisch.
Rektor Kugelblitz will was sagen.
Da sieht er einen Lappen
durch den Raum schweben.
Das gibt's nicht!

Nun ist der Lappen verschwunden.
Der Rektor erzählt lieber nicht,
was er gesehen hat.
Das hätte ihm keiner geglaubt.
Er glaubt's ja selbst nicht.
Jakob sitzt unterm Tisch.
Vorsichtig putzt er
Frau Pucks schmutzigen Schuh.
Über dem Tisch reden die Lehrer.

Jetzt entdeckt Jakob,
dass das Schnürband
vom rechten Schuh des Rektors
offen ist.
Neben dem Rektor sitzt
eine Lehrerin.
Behutsam öffnet Jakob
das Schnürband ihres Schuhs.
Dann verknotet er dieses Band
mit dem Schnürsenkel des Rektors.

Was für ein Spaß!
Jetzt verknotet Jakob
auch die anderen Schuhe.

Schließlich sind
alle Lehrer „verknüpft".
Bald muss die Pause zu Ende sein.
Jakob kriecht unterm Tisch vor.
Er möchte in seine Klasse.
Da bemerkt er die Jacke von
Rektor Kugelblitz.
Die liegt auf dem Fußboden.
Jakob will sie an einen
Haken hängen.
Da dreht sich der Rektor um.
Er sieht seine Jacke.
Sie fliegt durchs Lehrerzimmer.
Der Rektor schließt die Augen.
Vorhin ist die Lakritztüte weggehüpft.
Dann schwebte ein Lappen.
Jetzt bewegt sich seine Jacke
ohne ihn.

Dafür muss es eine Erklärung geben.

Ihm fällt aber keine ein.

Er öffnet die Augen.

Seine Jacke hängt am Kleiderhaken.

Wie sich das gehört.

Na bitte! Er hat sich wohl getäuscht.

Wahrscheinlich bin ich überarbeitet,
denkt der Rektor.

Jakob geht den Flur entlang.

Da kommt der Hausmeister.

Eine Jungenstimme grüßt
ihn freundlich.

Allerdings sieht er niemanden.

Dann hört er aufgeregte Stimmen
aus dem Lehrerzimmer.

Ein Schimpfen und Fluchen.

Der Hausmeister reißt
die Tür auf.

Die Lehrer kriechen
unterm Tisch
herum.
„Was ist denn hier los?",
fragt der Hausmeister.
„Es hat doch schon geklingelt!"
Doch niemand achtet auf ihn.
Denn alle sind viel zu sehr
damit beschäftigt,
ihre verknoteten Schnürsenkel
aufzubinden.

3. Kapitel

Gleich ist die letzte Stunde zu Ende.
Merle sieht auf den Platz neben sich.
Da liegen lauter Lakritzstücke.
Die bilden ein J.
J wie Jakob.
Wie kommen die dorthin?

Merle isst eines.

Lakritz mag sie.

Dann guckt sie zu Jakob.

Der sitzt in der letzten Reihe.

Und den mag sie auch.

Ob ich ihn doch einlade?,

denkt Merle.

Aber wenn er kommt,

lästern die anderen noch mehr.

So ein Mist!
Es klingelt.
Alle packen ihre Sachen.
Und Jakob setzt seinen
blauen Hut auf.
Gleich darauf kommt er aus
dem Schultor.
Merle geht ein Stück vor ihm.
Er will zu ihr.

Da versperrt ihm Hubert den Weg.
Der ist aus der Vierten.
Alle nennen ihn King Hubert.
Er ärgert andere gern,
vor allem Kleine.
Hinter ihm stehen seine Freunde
Heiko und Manfred.
Sehr laut sagt King Hubert zu Jakob:
„Dein Hut ist so was von bescheuert!
Stimmt's?"

„Stimmt!", grölen seine Kumpels.
Jakob geht an Hubert vorbei.
Hubert reißt ihm den Hut
vom Kopf.
„Gib den Hut her!", verlangt Jakob.
King Hubert denkt nicht daran.
Jakob will ihm den Hut
aus der Hand reißen.

Aber Hubert wirft ihn
zu seinem Freund Heiko.
Jakob rennt hin.
Doch Heiko wirft den Hut zu Manfred.
Jakob steht zwischen den Großen.
Die drei lachen ihn aus.
Jetzt setzt Hubert den Hut auf.

Jakob denkt:

Hoffentlich dreht er ihn nicht so,

dass er unsichtbar wird.

Dann wär das Geheimnis verraten.

King Hubert schreit:

„Sieht der nicht furchtbar aus?"

Er dreht den Hut hin und her.

Inzwischen gucken auch andere zu.

Wieder greift Jakob

nach seinem Hut.

Aber sie stoßen ihn weg.

Plötzlich sieht er Merle.

Die steht hinter Hubert.

Der lacht gerade besonders laut.

Da reißt sie ihm den Hut vom Kopf
und läuft davon.

King Hubert und seine Kumpels
rennen hinterher.

Merle guckt sich um.

Sie entdeckt Jakob.

Schnell wirft sie ihm den Hut zu.

Sofort setzt er ihn auf.

Der silbrige Faden steht über
seiner Nase.

Zack! Jakob ist unsichtbar.

King Hubert schnauzt Merle an:
„Wo ist der blöde Hut?
Gib ihn her!"
Drohend steht er vor ihr.
Plötzlich spürt er einen Schlag
in der Kniekehle.
Er stolpert.
Dann dreht er sich um.

Da hat ihm doch jemand
eine Schultasche ans Bein geworfen.
Die Tasche gehört seinem Freund
Heiko.

War der das?
Hubert dreht sich zu Merle.
Wieder kriegt er einen Schlag
in die Kniekehle.

Eine zweite Schultasche
hat ihn getroffen.
Er will was hinter Merle herrufen.
Da hat er eine Packung
Papiertaschentücher im Mund.
Das schmeckt ihm gar nicht.
Neben ihm droht eine tiefe Stimme:
„Willst du mehr?
Ich hab noch eine Packung!"
King Hubert sieht niemanden.

„Verschwinde, du aufgeblasene
Knalltüte!", dröhnt die Stimme.
King Hubert hat genug
und rennt weg.
Jakob muss husten.
Es war gar nicht leicht,
die Stimme so zu verstellen.
Er geht hinter Merle
und ihren Freundinnen her.

Unsichtbar. Klar!
Jakob hofft,
dass die anderen Mädchen
bald abbiegen.

Dann könnte er mit Merle reden.
Über ihren Geburtstag.
Ob er kommen kann.
Aber die Mädchen begleiten Merle
bis nach Hause.
Jakob geht auch nach Hause.
Sichtbar. Und traurig.
Doch dann fällt ihm ein:
Vielleicht ruft Merle an,
um mich einzuladen.

4. Kapitel

Jakobs große Schwester Grit sitzt
in der Küche.
Sie telefoniert.
Erst mit einer Freundin.
Dann mit einem Freund.

Zweimal hat Jakob schon gesagt:
„Ich warte auf einen Anruf."
Trotzdem telefoniert Grit weiter.
Jetzt reicht es Jakob.
Er setzt den Hut auf.

Der silbrige Faden steht genau
über seiner Nase.
Zack! Jakob ist unsichtbar.
Grit redet und redet.
Plötzlich hört sie ein „Psst!".
Sie guckt sich um.

Da ist niemand.

Also redet sie weiter.

Nun pikt es an ihrem Telefonohr.

Ziemlich toll sogar.

War das eine Stechmücke?

Grit haut sich mit der Hand aufs Ohr.

Und redet. Jakob seufzt.

Seine Schwester hat die Telefonitis.

Bei ihr ist das eine schwere Krankheit.

Er sollte ihr den Mund stopfen.

Dann kann sie nicht mehr reden.

Gute Idee.

Da sieht Jakob ein Käsebrot.

Das liegt direkt vor Grit.

Plötzlich schwebt es vom Teller.

Sie starrt hin und telefoniert.

Das Brot schwebt zu Grit.

Die öffnet den Mund.

Schon hat sie die Brotscheibe

zwischen den Zähnen.

Grit kaut.

Dann redet sie mit vollem Mund:
„Stell dir vor!
Ein Käsebrot kam angeschwebt
und ich hatte gerade Hunger.
Das war praktisch."
Verdammt!, denkt Jakob.
Mit verstellter Stimme flüstert er
Grit ins Ohr:
„Vorsicht! Bissiges Telefon!"
Und er beißt in ihr anderes Ohr.
Aber nur ein wenig.
Grit sieht niemanden
und telefoniert weiter.
Jakob bellt laut.
Eigentlich hat Grit Angst
vor Hunden.
Aber sie denkt,
das Bellen kommt von der Straße.

Und sie telefoniert.
Der Staubsauger düst
durch den Raum.
Ganz allein.
Grit redet.
Der Staubsauger kommt näher.
Wie ein hungriges Tier.
Er saugt an ihrem Schuh.

Danach saugt er an ihrem Hosenbein.
Grit stellt den Staubsauger
einfach ab.
Und telefoniert.
Jetzt schwebt ein Glas
zum Wasserhahn.
Der Hahn dreht sich auf.
Und das Glas füllt sich.
Vorsichtig schwebt es durch
die Küche.

118

Über Grits Kopf hält das Glas an.

Es neigt sich etwas.

Wasser tropft auf Grits Kopf.

Erst merkt sie's nicht.

Dann sagt sie erstaunt ins Telefon:

„Hier regnet's!"

Trotzdem telefoniert sie weiter.

Plötzlich fällt Jakob

Grits Tagebuch ein.

Das darf keiner anfassen.

So geheim ist es.

Jakob hat eine Idee.

Er holt den Badezimmerschlüssel.

Dann geht er ins Zimmer

seiner Schwester.

Das Tagebuch liegt

auf dem Schreibtisch.

Sehr gut.

Kurz danach sieht Grit ihr Tagebuch.

Es schwebt in die Küche.

Schwebt über Herd
und Kühlschrank.

Mitten im Raum bleibt es stehen.

Und es blättert sich auf.

Als würde jemand darin lesen.

Jetzt legt Grit das Telefon
aus der Hand.

Das Tagebuch fliegt an ihr vorbei.

Sie schnappt danach.

Weg ist es.

Grit rennt hinterher.

Das Buch schwebt durch den Flur

ins Badezimmer.

122

Dort landet es auf dem Wannenrand.
Grit stürzt sich drauf.
Nun wird die Tür
hinter ihr abgeschlossen.
Grit hämmert dagegen.
Aber das hört nur Jakob.
Und den stört's nicht.
Er holt das Telefonbuch.
Er will Merles Nummer
nachschauen.

Wenn sie nicht anruft,
ruft er eben an.
Da klingelt das Telefon.
Bestimmt ist es für Grit!
Jakob meldet sich.
Er hört Merles Stimme:
„Ich habe ständig versucht,
bei dir anzurufen!
Es war immer besetzt."

Jakob freut sich riesig
über Merles Anruf.
Er strahlt den Hörer an.
Merle erzählt:
„Heute feiere ich mit meinen Eltern
und ein paar Verwandten Geburtstag.
Morgen feiern wir Kinder dann.
So um drei."

Und jetzt fragt Merle ihn endlich:
„Du kommst doch?"
„KLAR!", antwortet Jakob.
Nun ist ihm völlig egal,
ob jemand über sie beide lästert.
Als Merle aufgelegt hat,
denkt Jakob an seine Schwester.

Die sitzt ja immer noch
im Badezimmer!
Er schließt die Tür auf.

Grit kommt rausgeschossen.

Sie donnert los:

„Wer hat mich eingesperrt?"

Keiner antwortet.

Sie guckt sich um.

„Jakob!?", ruft sie.

Aber Jakob antwortet nicht.

Grit rennt durch alle Räume.

Niemand da.

Jakob sitzt unsichtbar
in seinem Zimmer.
Es ist ganz warm in ihm, vor Freude.
Denn Merle hat ihn
doch noch eingeladen.
Was schenke ich ihr morgen?
Plötzlich fällt ihm etwas ein.
Ich schenk ihr . . .
. . . dass sie meinen Zauberhut
mitbenutzen darf.

Dann erleben wir zusammen
tolle Abenteuer.
Das will Jakob noch mal
genau überlegen.
Er hat ja bis morgen Zeit.
Dann feiern sie.
Superirrewunderbarspitzenobertoll-
cool findet er das.

Das große Geheimnis

1. Kapitel

Die Klasse 2 b schreibt
einen Mathetest.
Jakob prüft nach,
ob alle Antworten stimmen.
Jan, sein Tischnachbar, rechnet noch.
Jetzt sieht Jakob zu Merle.

Sie sitzt immer noch alleine
am zweiten Tisch beim Fenster.
Jakob würde sich gern zu ihr setzen.
Er fasst unter den Tisch.
Da liegt sein Hut.
Glatt fühlt er sich an.
Der Hut sieht spitzendoof aus.
Blau und mit einer Krempe.
Aber er ist wunderbar.
Und er ist Jakobs Geheimnis.
Er wollte Merle
das Geheimnis verraten.
Gestern an ihrem Geburtstag.
Außerdem wollte er ihr sagen,
dass sie seinen Zauberhut
mitbenutzen darf.
Das sollte sein Geschenk
für Merle sein.

Jakob meint nämlich,
wenn man jemanden mag,
kann man alles mit ihm teilen.
Aber am Geburtstag
waren sie nie allein.
Und vor allen anderen
mochte er ihr
sein Geheimnis nicht anvertrauen.
Jakob nimmt einen Zettel.

Darauf schreibt er:

„Hallo, Merle!

Können wir uns in der Pause treffen?

Ich will dir nämlich was verraten."

Darunter schreibt er: „Jakob."

Den Zettel steckt er

in die Hosentasche.

Frau Puck, die Lehrerin,

steht an ihrem Tisch.

Jakob setzt den Hut auf.

Mit dem Zeigefinger spürt er

den silbrigen Faden an der Krempe.

Er dreht den Hut.

Der Faden steht jetzt

genau über seiner Nase.

Zack! Jakob ist unsichtbar.

Er geht zwischen

den Tischen hindurch.

Die meisten Kinder rechnen noch.
Nun muss Jakob
hinter der Lehrerin vorbei.
Oh! Sie hat ihn wohl gehört.
Denn sie dreht sich um.
Sie guckt ihn an.
Aber sie kann ihn nicht sehen.
Sie sieht durch ihn hindurch.
Jakob geht zu Merle.

Den freien Stuhl schiebt er
näher zu ihr. Ganz leise.
Dann setzt er sich neben sie.

Merle guckt ihre Aufgaben an.
Jakob sieht in Merles Heft.
Bei der ersten Aufgabe steht
das gleiche Ergebnis wie bei ihm.
Genau wie bei der zweiten und dritten.
Aber bei der vierten
stimmt was nicht.

Jakob rückt näher.
Jetzt sieht Merle,
dass ihr Bleistift auf das Ergebnis
der vierten Aufgabe tippt.
Wie von einer
unsichtbaren Hand gehalten.
Das kann nicht wahr sein!
Nun liegt der Stift da wie vorher.
Und neben ihr sitzt niemand,
der ihn genommen haben könnte.

Warum hat der Stift
auf das Ergebnis getippt?
Die Aufgabe stimmt.
Dann weiß es Merle:
Sie hat die Drei
undeutlich geschrieben.
Die sieht fast wie eine Acht aus.
Merle schreibt sie deutlich.
Leise hört sie neben sich: „Richtig."
War das Jakobs Stimme?

Merle guckt zu seinem Platz.
Der Stuhl ist leer.
Plötzlich sieht sie
einen gefalteten Zettel
neben sich.
Unterm Tisch öffnet sie ihn.
Jakob will sie in der Pause treffen.
Das passt.
Sie möchte sowieso mit ihm reden.
Denn seit einiger Zeit
geschehen seltsame Dinge.
Und sie ist ziemlich sicher,
dass Jakob dahintersteckt.
Es klopft an der Tür.
Herr May, der Rektor, kommt rein.
Alle nennen ihn Rektor Kugelblitz.
Denn er ist etwas pummelig.
Schnell ist er auch.

Er sagt:

„Ach, ihr schreibt eine Arbeit.

Dann störe ich jetzt wohl."

Er will gehen.

Da bemerkt Jakob

hinten auf der Jacke des Rektors

einen Fleck.

Groß und weiß.

Der Fleck muss weg!

Herr May macht

einen Schritt nach vorne.

Aber jemand hält seine Jacke fest.
Und der Jemand klopft darauf herum.
Eine Frechheit!
Der Rektor guckt nach hinten.
Er sieht nichts.
Wieder macht er einen Schritt.
Noch einmal
wird die Jacke festgehalten
und darauf herumgeklopft.

Hin und her
dreht sich Rektor Kugelblitz.
Alle sehen ihm erstaunt zu.
Und er murmelt:
„Da stimmt was nicht."
Jetzt wird die Jacke losgelassen.
Jakob ist zufrieden.
Der Fleck ist weg.

Rektor Kugelblitz
will die Klassentür öffnen.
Plötzlich wird sie für ihn geöffnet.
Sehr höflich, denkt er.
Aber … wer war das?

2. Kapitel

Jakob geht auf den Pausenhof.
Sein Hut steckt unterm Pullover.
Dann entdeckt er Merle.
Sie steht neben zwei Mädchen.
Jakob wartet lieber,
bis Merle mal allein ist.
Vor ihm stolziert Hubert
aus der Vierten.
Den nennen alle King Hubert.
Der große Hubert
ärgert gern andere,
vor allem Kleinere.
Seine Freunde Manfred und Heiko
gehen neben ihm.
Heute hat Hubert
ein Baseballcap auf.

Die drei kommen
zu einem Jungen aus der Zweiten.
Auch der trägt ein Cap.
„Hallo", sagt Hubert.
„Tolles Ding da auf deinem Kopf."
Mit einem Ruck reißt er
den Schirm der Mütze nach unten.
Tief über die Augen des Kleinen.
Dann lacht Hubert und meint:
„So ist es noch toller.
Nur blöd,
dass du nichts sehen kannst."

Plötzlich wird Hubert
sein Cap über die Augen gezogen.
„Wer war das?",
fragt er wütend.
Aber neben ihm stehen nur
seine Freunde.
Und der Kleine ist verschwunden.
Der war's auch nicht.

Die drei gehen
nach hinten zum Zaun.
Schon klettern sie drüber.
Obwohl das verboten ist.
Sie laufen zu den Fahrradständern.
King Hubert zeigt
auf ein blaues Rad und sagt:
„Das gehört der Puck."
Dann guckt er nach allen Seiten.
Niemand ist in der Nähe.
Er geht zu Frau Pucks Rad.

Zuerst dreht er
das Ventil des Vorderreifens auf.
„Pffft!", macht es.
Und die Luft ist raus.
Wieder macht es „pffft!".
Nun ist auch der Hinterreifen platt.
Die drei lachen.
Plötzlich vergeht ihnen das Lachen.
Denn jetzt macht es
an Huberts Fahrrad „pffft!".

Dann gleich mehrere Male
„Pffft! Pffft! Pffft! Pffft!".
Nun sind auch
die Reifen seiner Freunde platt.
Wer war das?
Wenn sie den erwischen!
King Hubert will
seine Reifen aufpumpen.
Da hört er eine Fahrradklingel.
Laut und lange klingelt sie.

Verflixt, die soll ruhig sein!
Sonst hören das
die Lehrer und kommen.
Die drei dürfen sich hier
in der Pause nicht erwischen lassen.
Nun befiehlt eine unheimliche Stimme:
„Sofort pumpst du
die Reifen von Frau Pucks Rad auf!
Sonst passiert was!"

King Hubert guckt nach allen Seiten.
Dann gehorcht er.
Als er fertig ist, sagt er:
„Leute, hier stimmt was nicht."
Die anderen nicken.
Schnell klettern sie über
den Zaun zurück.
Auf dem Pausenhof
sucht Jakob Merle.

Da vorne steht sie
neben dem Schultor.
Endlich ist sie allein.

Er dreht seinen Hut.

Zack! Jakob ist sichtbar.

Er schlendert zu Merle hinüber.

Die fragt:

„Du willst mir was verraten?"

Jakob nickt.

Dann zeigt er auf seinen Hut

und sagt: „Guck mal."

Er dreht ihn.

Der Faden steht über seiner Nase.

Zack! Jakob ist unsichtbar.

Erst guckt Merle erstaunt,
dann begeistert.
Aber bevor sie etwas sagen kann,
rennt eine Freundin zu ihr.
Die fragt:
„Eben stand
dein verknutschter Jakob hier.
Wo ist er?"
„Siehst du ihn?", fragt Merle.
Das Mädchen schüttelt den Kopf.
Merle sagt: „Ich auch nicht."
Da klingelt's.
Das Mädchen läuft los.
Und Jakob dreht seinen Hut
wieder zurück.
Gleich darauf steht er
sichtbar neben Merle.
Die freut sich.

Jakob erzählt,
dass seine Tante ihm
den Zauberhut geschenkt hat.
Jetzt ist Merle klar,
wie all die seltsamen Dinge
passieren konnten.
Jakob holt einen großen roten Knopf
aus der Tasche.

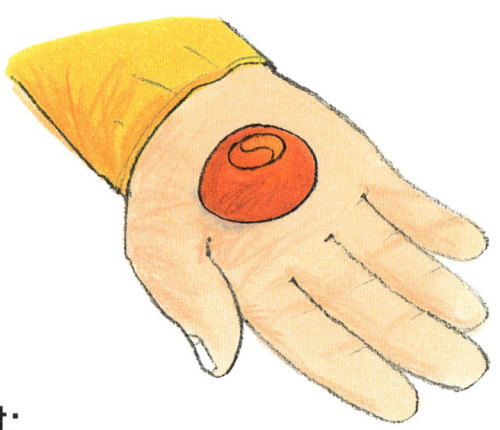

Er sagt:
„Das ist ein Überraschungsknopf.
Den soll ich am Hut festmachen.
Damit wird er noch besser."

Gestern Abend hat ihm
Tante Ulla den Knopf geschenkt.
Merle fragt:
„Hast du ihn schon ausprobiert?"
Jakob antwortet:
„Nee, das möchte ich mit dir machen.
Und ich will dir
was zum Geburtstag schenken."
„Was denn?",
möchte Merle wissen.
Jakob flüstert ihr ins Ohr:
„Ich schenk dir,
dass uns der Zauberhut
gemeinsam gehört.
Dir und mir.
Er ist unser Geheimnis!"
Merle wird rot und sagt:
„Das ist mein schönstes Geschenk."

Dann setzt Merle den Hut auf.
Und sie macht alles so,
wie Jakob es erklärt.

Zack! Weg ist sie.
Jakob hört ihre Stimme neben sich:
„Bin ich verschwunden?"
Er antwortet: „Völlig."
Plötzlich spürt er
einen Danke-schön-Kuss
auf seiner Wange.

Nun wird er rot.

Sie stehen allein auf dem Pausenhof.

„Oh", meint Jakob,

„wir kommen zu spät."

Merle sagt:

„Stimmt.

Aber wenn man

so ein tolles Geschenk bekommt,

darf man das mal."

Sie rennen in die Schule.

Merle unsichtbar. Jakob sichtbar.

Im Flur ist niemand.
Hinter der Tür des Rektorzimmers
hören sie Stimmen.
Jakob fragt:
„Gehen wir rein?"
Merle schüttelt den Kopf und sagt:
„Es ist ja nur einer von uns
mit dem Hut unsichtbar."
Jakob hat eine Idee.
Er greift nach Merles Hand.
Merle sieht ihn erstaunt an.
Dann guckt sie noch erstaunter.
Jakob ist weg!

Nun lässt er ihre Hand los.
Sofort sieht sie ihn wieder.
Er erklärt:
„Wenn ich den Hut aufhabe,
wird alles unsichtbar,
was richtig zu mir gehört."
Merle sagt:
„Und wenn ich ihn aufhabe,
ist das genauso."

3. Kapitel

Mit einer Hand
drückt Merle vorsichtig den Türgriff.
Mit der anderen hält sie
Jakobs Hand.
Am Tisch im Rektorzimmer sitzen
zwei Lehrerinnen, zwei Lehrer
und der Rektor.
Auch Frau Puck ist dabei.
Der Rektor hält
einen Zettel hoch und sagt:
„Dieses Blatt mit der Nummer 74
muss viermal ausgefüllt werden.
Außerdem sollen Sie …"
Frau Puck gähnt.
Und Merle flüstert:
„Oh, ist das langweilig."

„Das darf nicht so bleiben",
flüstert Jakob zurück.
Wieder hebt der Rektor einen Zettel.
Plötzlich läuft das Radio.

Als hätte es sich selbst angestellt.
„Toll!", sagt ein Lehrer.
„Die Musik mag ich."
Er trommelt mit allen Fingern
im Takt auf den Tisch.
Der Rektor fragt:
„Wer hat das Radio angestellt?"

Keiner antwortet.
Und er stellt es ab.
Wieder hebt er das Blatt Papier.

Sofort geht das Radio an.
Rektor Kugelblitz stellt es ab.
Das Radio bleibt auch wirklich stumm.
Dafür klappert
die Tastatur des Computers.
Von allein.
Und das Buch daneben
hopst im Rhythmus.
Hoch und runter! Hoch und runter!
Alle starren hin.
Da hören das Geklapper
und Gehopse auf.

Allerdings wird
der Kopierer angestellt.
Obwohl niemand kopiert.
Er kopiert so vor sich hin.
Der Rektor stellt den Kopierer ab
und setzt sich.
Dann sieht er einen Radiergummi.
Der radiert fleißig
auf einem Zettel herum.
Radiert einfach aus,
was sich der Rektor notiert hat.
Seine rechte Hand schiebt sich
näher zum Radiergummi.
Genau wie die linke.
Dann fasst der Rektor zu.
Blitzschnell.
Er hat den Radiergummi gefangen.
Jawoll!

Interessiert sehen
die Lehrerinnen und Lehrer zu,
was ihr Rektor tut.
Alle sind gespannt,
was noch passieren wird.
Leider geschieht
nichts Interessantes mehr.
Nur die Tür
wird leise geöffnet und geschlossen.
Das bemerkt aber niemand.

Draußen gibt Merle
Jakob den Hut zurück.
Sie lauschen an ihrer Klassentür.
Hand in Hand und unsichtbar.
Hinter ihnen kommt
der Hausmeister den Flur runter.

Er sieht, dass die Tür geöffnet wird.

Dann geht sie zu.

Jetzt hört er die Religionslehrerin.

Sie erzählt von Wundern.

Und sie klingt wie immer.

Da will er nicht stören.

Er geht weiter und murmelt:

„Sachen gibt's.

Die gibt's gar nicht!"

In der Klasse bringt Jakob

Merle zu ihrem Platz.

Unsichtbar.

Sie setzt sich.

Dann lässt er ihre Hand los.

Sofort ist Merle sichtbar.

Jetzt setzt sich Jakob

auf seinen Platz neben Jan.

Er dreht die Krempe am Hut.

Verblüfft reibt sich Jan die Augen.
Wo kommt Jakob her?,
überlegt Jan. Träume ich?
Die Lehrerin kennt die Klasse
noch nicht richtig.
Sie hat Merles Fehlen übersehen.
Aber sie hat bemerkt,
dass Jakob nicht da war.
Deswegen fragt sie:
„Wo kommst du her?"
Jakob zeigt zur Tür.
Ach so, denkt die Lehrerin.
Ich hab wohl nicht gemerkt,
dass er reinkam.
„Und wo warst du?",
fragt sie weiter.
„Bei Rektor Kugelblitz",
antwortet Jakob.

„Alles klar",
sagt die Lehrerin.
„Aber er heißt nicht Kugelblitz.
Er heißt Rektor May.
Merk dir das."
Dazu nickt Jakob.

4. Kapitel

Merle wartet vor der Schule.
Da kommt Jakob.
Den Hut hat er auf.
Jetzt gehen Tanja und Maike zu Merle.

Aber plötzlich
ist Merle verschwunden.
Die beiden Mädchen
gucken sehr verblüfft.
Jakob und Merle
halten sich fest an der Hand.

Keiner kann sie sehen.

Wunderbar.

Hinter ihnen kommt die Straßenbahn.

Merle schlägt vor:

„Wir steigen einfach ein."

Schon rennen sie zur Haltestelle.

Ohne Fahrschein

gehen sie am Fahrer vorbei.

„Hallo", begrüßt Jakob ihn.

„Hallo", antwortet der,

ohne hochzusehen.

Die Bahn fährt los.

Jakob flüstert Merle zu.

„Da vorne sitzt eine Nachbarin."

Merle wispert zurück:

„Meinst du die

mit dem doofen Pelzmantel?"

„Ja", antwortet Jakob.

„Das ist Frau Pott.

Die meckert über alle Kinder im Haus.

Deswegen nennen wir sie Meckerpott.

Und sie beschwert sich über mich.

Sie sagt, ich grüße nicht laut und

freundlich genug."

„Soll ich mal?", fragt Merle.

Bevor Jakob antwortet,
hört er Merle laut und freundlich:
„Guten Tag, Frau Meckerpott!"
Die Frau guckt nach allen Seiten.
Aber nirgends ist jemand,
den sie kennt.

An der nächsten Haltestelle steigen
Jakob und Merle aus.
Höflich verabschiedet sich Merle:
„Auf Wiedersehen, Frau Meckerpott!"
Merle muss noch nicht nach Hause.
Deswegen begleitet sie Jakob.

Vor der Wohnungstür sagt er:
„Mal testen,
ob eine meiner
großen Schwestern da ist.
Hoffentlich nicht.
Die sind manchmal blöd."

Merle meint:
„Wie mein großer Bruder."
Jakob klingelt.
Grit, seine älteste Schwester,
öffnet die Tür.
Da steht niemand
und sie schließt die Tür wieder.

Gleich darauf

fällt Jakobs Zimmertür zu.

Grit überlegt:

Ist Jakob schon

von der Schule zurück?

Sie reißt Jakobs Tür auf.

Nee, er ist noch nicht zu Hause.

Jakob und Merle sitzen

in seinem Zimmer.

Wieder sichtbar.

Der Hut liegt neben ihnen.

Jakob holt den Überraschungsknopf
aus der Tasche.
Rot und ziemlich groß ist der.
Außerdem hat er ein
seltsames Muster.

Jakob erklärt:
„Mit der Nadel da auf der Unterseite
mache ich den Knopf
am Hut fest.
Den Knopf kann ich drehen.
Vorwärts und rückwärts.
Ja … und dann
passiert was Überraschendes.
Weiß ich von meiner Tante."

„Was passiert Überraschendes?",
will Merle wissen.
Jakob antwortet:
„Keine Ahnung.
Das probieren wir zusammen aus."
Jakob steckt den Knopf an den Hut.
Merle setzt ihn auf.

Da klingelt's an der Wohnungstür.
Merle dreht die Krempe.
Der Faden steht
genau über ihrer Nase.
Zack! Sie ist unsichtbar.

Dann nimmt sie Jakobs Hand.
Und er öffnet die Zimmertür.
Im Flur stehen Grit und ein Junge.
Jakob flüstert:
„Das ist Kolja, ihr neuer Freund."
Er hält eine Rose in der Hand.
Grit fragt: „Ist die für mich?"
Kolja nickt.
Und Grit sagt: „Oh … süüß!"

Jakob stöhnt und sagt leise:
„Süüß ist ihr Lieblingswort."
„Soll ich am Knopf drehen?",
flüstert Merle.
„Ja!", kommt's von Jakob.
Merle dreht.

Nichts passiert. Sie dreht stärker.
Jetzt staunen alle.
Denn Kolja hat plötzlich nicht nur
eine Rose in der Hand.

Er hält einen ganzen Strauß fest.
„Hä?", macht er.
Verblüfft guckt er die Blumen an.
Grit fragt:
„Wo hast du die hergezaubert?"
Bevor er antwortet,
sagt sie wieder: „Süüß!"

Kolja gibt Grit den Strauß.
Sie bedankt sich mit einem Kuss.
Dann küsst er sie.
Da dreht Merle
am Überraschungsknopf.
Diesmal zur anderen Seite.
Vor Schreck lässt sie beinahe
Jakobs Hand los.

Denn der Kuss knallt.
Fast wie ein Schuss.
Mit dem Knopf hat Merle
den Jungen laut gedreht.
Grit findet das … süüß!
Jakob stöhnt leise.
Und Kolja brüllt los,
ohne dass er es will:
„Gehen wir spazieren?"

Grit meint:
„Oh, du kannst ja
richtig laut werden.
Ist das … süüß!"
Jetzt dreht Merle
den Überraschungsknopf zurück.
Im Flur beschließen Grit und Kolja,
dass sie erst mal Kuchen
essen wollen.
Der steht in der Küche.

Inzwischen spricht
Kolja wieder normal.
Jakob und Merle huschen
in die Küche.
Kurz nach ihnen
kommen Grit und Kolja.
Grit starrt
auf die beiden Kuchenstücke.
An jedem fehlt ein Bissen.

Ärgerlich ruft sie:
„Das war bestimmt Jakob.
Ist der doch schon zu Hause?"
Sie rennt aus der Küche,
Kolja hinterher.
Die beiden suchen
Jakob in seinem Zimmer,
aber da ist er nicht.
Dann setzen sie sich
an den Küchentisch.
Nun bemerken sie,
dass sogar zwei Bissen fehlen.
An jedem Kuchenstück.

Das findet Grit gar nicht … süüß.

Jakob und Merle verschwinden
in sein Zimmer.
„Der Kuchen war lecker",
meint Jakob.
Merle dreht den Hut.
Zack! Die beiden sind sichtbar.

Jetzt nimmt Merle ihn
vom Kopf und sagt:
„Der ist richtig toll."

Jakob meint:

„Mit Überraschungsknopf

finde ich ihn noch toller.

Bin gespannt,

was wir damit alles erleben."

Dann muss Merle nach Haus.

Sie fragt:

„Kommst du ein Stück mit?"

Jakob antwortet:

„Klar. Sichtbar oder unsichtbar?"

„Unsichtbar", entscheidet Merle.

Jakob setzt den Hut auf.

Er dreht an der Krempe.

Der Faden steht genau

über seiner Nase.

Zack! Jakob ist weg.

Er nimmt Merles Hand

fest in seine.

190

Zack! Nun ist auch Merle
verschwunden.
Dann gehen sie los.
Und unterwegs überlegen sie sich,
was sie als Nächstes
mit dem Zauberhut
erleben möchten.

Der magische Trick

1. Kapitel

Es ist heiß in der Klasse,
viel zu heiß.
Frau Puck, die Lehrerin,
erzählt etwas.
Jakob guckt zu Jan,
seinem Tischnachbarn.
Und der gähnt.

Die Fenster sind geschlossen.
Hier muss frische Luft rein,
denkt Jakob.
Er greift unter den Tisch.
Da liegt sein Hut.
Glatt fasst er sich an.
Er hat eine breite Krempe.
Und er sieht oberdusselig aus,
der blaue Hut.
Trotzdem ist er oberprima.
Das wissen nur Jakob und Merle.
Die sitzt am zweiten Tisch
beim Fenster, und zwar allein.
Wenn Jakob zu ihr guckt,
geht es ihm gut.
Er setzt seinen Hut auf.
An der Krempe tastet Jakob
nach dem silbrigen Faden im Stoff.

Das ist er!
Nun dreht er den Hut,
bis der silbrige Faden
genau über seiner Nase steht.
Zack!
Jakob ist unsichtbar.
Er geht vorsichtig
zwischen den Tischen entlang.

Bei Merle bleibt er stehen
und flüstert: „Hallo!"
Sie flüstert:
„Hallo, Jakob. Wo bist du?"
„Neben dir."
Leise fragt Jakob:
„Ist dir auch zu warm?"
Merle nickt und er sagt:
„Das wird gleich anders."
Jakob will
hinter der Lehrerin vorbei.
Jetzt sieht er das Datum
an der Tafel.
Er bleibt stehen.
Heute ist nicht der 15. Mai,
sondern der 16.
Das Datum muss stimmen.
Frau Puck hat es hoch

an die Tafel geschrieben.

Bis da oben kommt Jakob nicht heran.

Er nimmt ein Stück Kreide.

Dann schreibt er das richtige Datum

an die Tafel.

Zum falschen macht er einen Pfeil.

Unter den schreibt er: „Falsch!"

Jakob geht weiter.
Nun dreht sich Frau Puck um
und sieht, was da steht.
Wer hat das hingeschrieben?
Plötzlich ruft ein Mädchen:
„Das Fenster ist aufgegangen!"
Frau Puck schließt es.
Sofort öffnet sich
das Fenster daneben.

Wie von selbst!
Frau Puck drückt es zu.
Schon springt
das vorderste Fenster auf.
Na gut, bleiben die Fenster offen,
denkt die Lehrerin.
Sie will gleich nach der Stunde
mit dem Hausmeister sprechen.
Der soll nachsehen, was da los ist.

Frau Puck setzt sich.

Und die Kinder malen.

Plötzlich niest Frau Puck.

Sie greift in die Hosentasche.

Aber da ist kein Taschentuch.

Auch in der anderen Tasche
findet sie keines.

Auf einmal wird ihr die Nase geputzt.

Das kann nicht sein!

Sie fasst hin.

Ein Papiertaschentuch reibt
an ihrer Nase.

Oder hält sie es selbst in der Hand?

Zum Glück guckt niemand sie an,
weil die Kinder malen.

Nun klopft es an der Tür.

Der Rektor kommt
mit einem Jungen herein.

Alle nennen den Mann
Rektor Kugelblitz.
Weil er ziemlich schnell
und pummelig ist.
Er sagt:
„Ich bringe den Max.
Er ist neu bei uns
und er kommt in eure Klasse."

Dann geht der Rektor.
Frau Puck begrüßt den Neuen
und sagt:
„Du setzt dich am besten
neben Merle."
Die Kinder kichern.
Ein Junge,
der hinter Merle sitzt, ruft:
„Neben Merle! Die ist in Jakob . . ."

Bevor er weitersprechen kann,
wird ihm der Mund von einer
unsichtbaren Hand zugehalten.
Natürlich weiß Frau Puck,
dass sich Merle und Jakob
besonders gerne mögen.
Sie will etwas sagen.
Da hört sie eine aufgeregte Stimme:
„Ich will neben Merle sitzen!"

Das ist Jakobs Stimme.
Die klingt,
als würde er neben ihr stehen.
Aber sie sieht ihn nicht.
Wo ist er?

Ach, dort neben Merle steht er.
Seinen blauen Hut hat er
auf dem Kopf.
Die Kinder kichern immer noch.
Max fragt Frau Puck:
„Wohin soll ich mich
denn nun setzen?"
Die Lehrerin entscheidet:
„Du setzt dich neben Jan,
wo Jakob bisher gesessen hat.
Und der setzt sich neben . . . Merle.
Einverstanden, Merle?"
Die nickt und Jakob neben ihr
nickt auch.
Ein Junge ruft:
„Ich möchte nicht
neben einem Mädchen sitzen.
Mädchen sind doof!"

Frau Puck fragt:
„Du magst keine Mädchen?
Warum denn nicht?
Wir haben so viele nette
in der Klasse.
Und du magst keine?"
Der Junge wird rot
und antwortet nicht.
Dafür schreit ein anderer:
„Der ist in Sina verknallt!"
Und die sagt: „Bloß nicht!"
Die Kinder lachen.

Jakob holt seine Schultasche
und setzt sich neben Merle.
Den Hut legt er ins Fach
unter dem Tisch.
Endlich sitzen sie nebeneinander.
Sichtbar für alle.

2. Kapitel

In der letzten Stunde
spielen sie Fußball.
Bald gibt es das Turnier.
Jakobs und Merles Klasse
will mitspielen.
Um das zu schaffen,
müssen sie jetzt
gegen die Großen gewinnen
oder unentschieden spielen.
Bei denen ist Hubert dabei.
Alle nennen ihn King Hubert.
Er ärgert andere gern,
vor allem Kleinere.
Auch seine Freunde Heiko
und Manfred spielen mit.
Merle und Jakob sind Ersatzspieler.

Sie sitzen auf der Bank.
Jakob hat seinen Hut auf.
Noch steht es 0:0.
Ein Junge aus Jakobs Klasse
rennt mit dem Ball
an der Außenlinie entlang.
Er spielt ihn zu Tanja.
Da lässt Hubert sie
über sein ausgestrecktes Bein fallen.

Sofort pfeift Frau Puck,
die Schiedsrichterin.
Den Strafstoß tritt Tanja.

Und es steht 1:0.
Für Jakobs und Merles Mannschaft.
Hubert flüstert mit seinen Freunden
Heiko und Manfred.

Dann bekommt er den Ball.
Eine Verteidigerin greift ihn an.
Manfred ruft der Schiedsrichterin
etwas zu.
Die guckt zu ihm, ist abgelenkt.
Und Heiko rempelt
Huberts Gegenspielerin weg.
Hubert läuft, dann schießt er.
Es steht 1:1.

Frau Puck hat
das Foul nicht gesehen.
Also gilt das Tor.
Nach der Halbzeit probieren sie
den Trick noch einmal.
Er funktioniert wieder.
Und es steht 2:1 für die Großen.
Jetzt flüstern Jakob und Merle.
Danach dreht Jakob die Hutkrempe.
Der silbrige Faden steht
über seiner Nase.
Zack!
Jakob ist unsichtbar.
Nun wird Merle eingewechselt.
Sie läuft mit dem Ball zum Tor.
Diesmal lenkt Heiko Frau Puck ab.
Hubert rennt zu Merle,
will sie umstoßen.

Aber er stolpert.

Wütend guckt er sich um.

Wer hat ihn stolpern lassen?

Niemand da.

Merle schießt.

Es steht 2 : 2.

King Hubert hat den Ball.

Er will ihn ins Tor schießen.

Hubert zielt und tritt

mit Wucht gegen den Ball.

Doch der Ball bleibt liegen.

Als würde jemand

mit dem Fuß drauf stehen.

Hubert will noch mal schießen.
Da macht der Ball einen Hopser.
Hopst an Huberts Fuß vorbei.
Hubert starrt hin.
Der Ball foppt ihn
und rollt zu Merle.
Schließlich spielt auch Jakob mit.
Ohne Hut.
Und sie verteidigen
das Unentschieden
gegen die Großen.
Frau Puck pfeift.
Das Spiel ist zu Ende.
King Hubert ärgert sich.
Denn immer geht was schief,
wenn Jakob
mit seinem Hut auftaucht.
Wo steckt der Kerl?

Ach, da steht er.

Natürlich neben Merle.

King Hubert geht zu den beiden.

Manfred und Heiko traben mit.

Jakob sieht, wer da kommt.

Er gibt Merle den Hut.

Der rote Überraschungsknopf

steckt dran.

Den hat er von seiner

ziemlich verrückten Tante,

genau wie den Hut.

Wenn man am Knopf dreht,

passiert was Überraschendes.

Merle dreht dran.

Und King Hubert brüllt Jakob an:

„Du blöder ..."

Alle gucken zu ihnen.

Aber was ist mit dem King los?

Er wird knallrot und spricht leise:
„Deine Mannschaft ... hat ..."
So freundlich will er nicht reden.
Brüllen will er.
Doch er kann nicht.

Trotzdem versucht er es.

„Ihr habt furchtbar … toll gespielt.

Das Unentschieden ist …

be… in Ordnung!"

Seine Hand schießt vor,

als wollte er Jakob schlagen.

Auch das kriegt er nicht hin.

Stattdessen drückt er

Jakobs Hand und sagt:

„Wenn ich dich erwische …

dann passiert garantiert …

äh … gratuliere zum Unentschieden."

Alle wundern sich.

So freundlich ist Hubert sonst nie.

Merle dreht

den roten Überraschungsknopf weiter.

Nun bläst Hubert die Backen auf,

als wollte er Jakob umpusten.

Immer weiter bläht er sie auf.

Er sieht aus wie ein Riesenfrosch.

Ein Mädchen ruft:

„Hallo, King Quak!"

Merle dreht den Knopf
zur anderen Seite.
Sofort sieht Hubert aus wie immer
und benimmt sich auch so.
Er will sich auf Jakob stürzen.
Aber da kommt Frau Puck und sagt:
„Toll, dass du der
anderen Mannschaft gratulierst."
King Hubert will antworten.

Da bemerkt er,
dass Jakob Merles linke Hand
in seine rechte nimmt.
Schon sind die beiden verschwunden.
Jakob und Merle gehen nebeneinander.
Unsichtbar.

Wenn einer von ihnen
den Hut aufhat,
kann der andere
ja auch unsichtbar werden.
Sie müssen sich nur
an der Hand nehmen.
Dann funktioniert es.
Und alles,
was richtig zu ihnen gehört,
wird ebenso unsichtbar.
Vor den Umkleidekabinen
gibt Merle Jakob den Hut.
Er gehört ihm ja auch.
Aber er teilt ihn mit Merle.
Jetzt sieht King Hubert
die beiden wieder.
Er ist sicher,
dass mit dem Hut was nicht stimmt.

Den muss er haben.
Er flüstert mit seinen Freunden.
Und er zeigt auf Jakobs Hut.
Merle beobachtet die drei.
Und sie ahnt, was sie vorhaben.

3. Kapitel

Jakob und Merle gehen nach Hause.
Natürlich hat Jakob seinen Hut auf.
Sie biegen um eine Ecke.
Plötzlich stehen King Hubert
und seine Freunde da.
„Stopp!", befiehlt Hubert.

„Was wollt ihr?", fragt Jakob.

„Deinen Hut! Gib ihn her!

Und zwar sofort!"

Drohend kommen Hubert

und seine Freunde näher.

Merle sagt:

„Den Hut brauchen wir noch."

„Wir auch!", kommt von Hubert.

„Rück ihn lieber freiwillig raus."

Jakob sagt: „In Ordnung."

Und er gibt Merle den Hut.

Die rennt um die nächste Hausecke.

Hinter ihr rennt Jakob.

Und dahinter rennen

Hubert und seine Leute.

Plötzlich bleibt Merle stehen.

Blitzschnell nimmt sie Jakobs Hand

und setzt den Hut auf.

Sie dreht die Krempe.

Der silbrige Faden steht

über ihrer Nase.

Jetzt kommen Hubert und
seine Freunde um die Ecke.
Verblüfft bleiben sie stehen.
Wo sind Jakob und Merle?
Wütend sagt Hubert:
„Die kriegen wir!
Wir wissen ja, wo sie wohnen.
Dort warten wir auf sie."

Jakob und Merle hören,
was Hubert sagt.
Natürlich könnten sie unsichtbar
nach Hause kommen.
Doch dann würde Hubert
ihnen den Hut morgen
in der Schule abnehmen.
Da können sie nicht immer
unsichtbar bleiben.
Sie haben eine Idee.
Zuerst zählen sie ihr Geld.
Jakob hat nur ein paar Münzen.
Aber Merle sollte einkaufen
und hat mehr mit.
Das Einkaufen verschieben sie.
Denn das Geld brauchen sie
für etwas anderes.

Später wollen sie es
aus dem Sparschwein ersetzen.
Sie betreten einen Laden.
Hier kann man
Hüte und Mützen kaufen.

Der Verkäufer steht
hinter dem Tresen.
Ein dicker Mann drängelt sich
vor Jakob und Merle.
Die beiden warten.
Schließlich hat der Dicke
einen Hut gefunden.

Nun steht eine Frau neben ihnen
und fängt gleich an zu reden:
„Ich brauche eine Mütze."
Der Verkäufer bedient sie.
Jakob und Merle wären längst dran
und müssen warten.
Dabei wissen sie,
was sie wollen.
Es liegt vor ihnen.

Plötzlich merkt der Verkäufer,
dass die Kinder verschwunden sind.
Er schimpft:
„Bestimmt haben sie sich
selbst bedient und nicht bezahlt!"
Da hört er eine Mädchenstimme:
„Bei Ihnen kommt man wohl erst dran,
wenn man erwachsen ist.
Das dauert uns zu lange."

Eine Jungenstimme sagt:
„Und Tschüss!"
Danach hört der Verkäufer
die Türglocke.
Aber er sieht niemanden.
Die Kundin sagt:
„Hier liegt Geld.
Die haben ja doch bezahlt!"

Sie gehen zu Jakobs Haus.

Sichtbar.

Jakob hat einen blauen Hut auf.

Da sehen sie die drei.

King Hubert lehnt an der Haustür
und sagt:

„Wusste ich doch.

Wir kriegen euch."

Er will Jakob den Hut
vom Kopf reißen.

Doch Heiko ruft:

„Merle hat auch so einen!"

Den hatte sie bis eben
hinter dem Rücken versteckt.

Nun setzt sie ihn auf.

Hubert guckt von einem Hut
zum anderen und sagt:

„Wir nehmen beide."

Schon reißt er Jakob und Merle
die Hüte vom Kopf.
„Viel Spaß damit", meint Jakob.
Merle und Jakob gehen ins Haus.

Im ersten Stock gucken sie
aus dem Fenster.
Unten setzt Hubert einen Hut auf.
Er dreht an der Krempe,
wie er es bei Jakob gesehen hat.
Nichts passiert.

Dann versucht er es
mit dem anderen Hut.
Wieder nichts.
Noch mal und noch mal
dreht er an der Krempe.
Auch Huberts Freunde probieren es
ohne Erfolg.

Schließlich wirft King Hubert
die Hüte auf den Gehsteig
und schimpft:
„Die sind ganz normal!
Hätte ich mir denken können.
Wieso sollte der Blödmann Jakob
auch was Besonderes haben?
Kommt, wir gehen!"
Im Treppenhaus zieht Merle
den dritten Hut
unter ihrer Jacke vor.
Sie setzt ihn auf.
Dreht an der Krempe.
Der silbrige Faden steht
über ihrer Nase. Zack!
Merle ist unsichtbar.

4. Kapitel

Sie nehmen Geld
aus Merles Sparschwein.
Dann kaufen sie ein.
Der Hut liegt in der Tasche.

Vor dem Eingang des Supermarktes
sieht Merle ihren großen Bruder.
Das Handy am Ohr.
„Oh!", stöhnt sie. „Der Fabian."
Der steht da mit ein paar Freunden.
Wenn die dabei sind,
gibt er an und kommandiert gerne.

Jetzt sagt er:
„Ach, meine kleine Schwester.
Gut, dass du kommst.
Kannst mir 'ne Cola mitbringen.
Beeil dich, Kleene!"
Merle faucht ihn an:
„Hol dir die Cola selber!"

Sie will an ihm vorbei.
Da fragt Fabian:
„Wer ist das?"
Er zeigt auf Jakob.
„Mein Freund",
antwortet Merle.
Fabian lästert:
„So klein und schon einen Freund."
Die anderen lachen.

Jetzt setzt Jakob den Hut auf.
Fabian lästert weiter:
„Sieht der Hut blöd aus!"
Fabians Freunde gehen.
Er bleibt
und ruft Merle hinterher:
„Ich warte noch auf die Cola!"
Nun dreht Jakob
am Überraschungsknopf.
„Was glotzt ihr mich so an?",
fragt Fabian.
Gespannt warten Jakob und Merle.
Vielleicht bläht sich
Fabian dick auf,
wird rot oder grün oder gestreift?
Auch leiser oder lauter
könnte er sprechen.
Das haben sie alles ausprobiert.

Diesmal passiert
etwas völlig anderes.
Fabian schrumpft mit einem Ruck
um zehn Zentimeter.

Ein zweiter Ruck.
Wieder ist er
zehn Zentimeter kleiner.
Danach schrumpft er
gleichmäßig und schnell.
Er schrumpft an Merles Knien vorbei.
Jetzt ist Fabian nur noch
ein paar Zentimeter klein.

Leise hören Jakob und Merle
seine Stimme:
„Mir ist so komisch.
Wo seid ihr?"
„Hier oben", antwortet Merle.

Bevor er völlig weggeschrumpft ist,
dreht Jakob den Knopf zurück.
Schnell wächst Fabian wieder.
Schließlich steht er
fast so groß da wie vorher.

Jakob flüstert Merle zu:
„Einen Zentimeter
hab ich ihn gekürzt.
Den bleibt er kleiner."
Fabian murmelt:
„Seltsam war das eben.
Ich kam mir winzig vor."

Jetzt fragt Merle ihn:

„Willst du die Cola immer noch?"

Ihr Bruder nickt.

Merle schlägt vor:

„Wie wäre es mal mit Bitte?"

Fabians Freunde sind

nicht mehr zu sehen.

Deshalb sagt er:

„Also gut.

Bring mir . . . bitte . . . eine Cola mit."

Dazu meint Merle:

„Geht doch."

Sie schieben den Einkaufswagen

durch den Supermarkt.

Jakob sagt:

„Setz dich rein. Ich fahr dich."

Schon hat Merle den Hut auf.

Sie dreht die Krempe.

Der Faden steht über ihrer Nase.
Zack!
Merle ist unsichtbar.
„Gemütlich hier im Wagen",
flüstert sie.

Jakob fragt:

„Ob wir mit dem Hut auch
meine großen Schwestern
schrumpfen können?"

Merle meint:

„Bestimmt.

Und ich bin gespannt,
was wir noch alles damit erleben."

Eine Verkäuferin wundert sich.

Der Junge da unterhält sich
mit seinem Einkaufswagen.

Und der antwortet.

Also Sachen gibt's …
die gibt's gar nicht.

Vampirgeschichten
ISBN 978-3-401-70077-9

Freundschaftsgeschichten
ISBN 978-3-401-70074-8

Baumhausgeschichten
ISBN 978-3-401-70079-3

Ballettgeschichten
ISBN 978-3-401-70050-2

Jeder Band: Ab 7 Jahren • LeseSafari • Durchgehend farbig illustriert
72 Seiten • Gebunden • Format 15,9 x 21,1 cm

Mit Bücherbär am Lesebändchen

Kurze Geschichten zu einem
Thema für fortgeschrittene Leser

Hoher Illustrationsanteil

Fibelschrift

fließend teilt die Wellen, schwimmt und gleitet
um die anderen Wasserwesen herum.
Und Schluss! Und Beifall und Juuu-Rufe.
Und abtanzen.
Eine kleine Gruppe aus großen Mädchen
bleibt zum Umziehen neben der Bühne.
Mama kündigt einen Pausenfüller an,
während Illa und die anderen sich in Tiger,
Löwen, Affen und Bären verwandeln.
Aber . . . der Tüll! In der kalten Luft werden
Illas Finger klamm und steif.

14

Der Tüllschweif verklemmt sich. Oh, nein!
Illa zerrt und zupft. Die anderen sind schon
fertig aufgestellt. Illa steht immer noch im
Nixenkleid da. „Jana, hilf mir!"
Jana versucht es, aber der Tüll verklemmt
sich nur noch mehr.
Die Musik setzt ein. Gleich muss Illa als
Tiger auf die Bühne springen. Egal.
Sie zieht einfach das Tigerkostüm über
das Nixenkleid. Jana stopft den Tüll, so gut
es geht, ins Tigerfell.

15

Innenseite aus „Ballettgeschichten"

Geübtere Leser sollten mal auf Safari gehen! In mehreren Geschichten zu einem
attraktiven Kinderthema gibt es viel Spannendes und Neues zu entdecken. Alle
Geschichten sind von bekannten Autoren.

In Zusammenarbeit mit
westermann

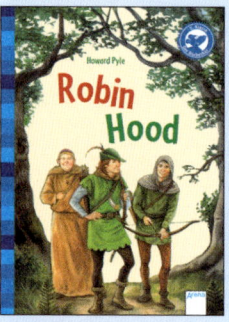

Der kleine Lord
ISBN 978-3-401-09685-8

Pinocchios Abenteuer
ISBN 978-3-401-70051-9

Robin Hood
ISBN 978-3-401-70053-3

Die schönsten Feenmärchen
ISBN 978-3-401-70052-6

Jeder Band: Ab 7/8 Jahren • Klassiker für Erstleser • Durchgehend farbig illustriert
72 Seiten • Gebunden • Format 15,9 x 21,1 cm

Mit Bücherbär
am Lesebändchen

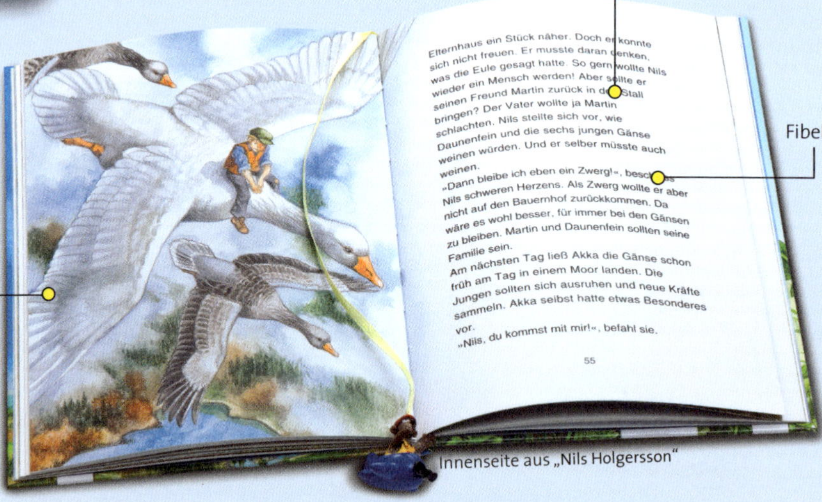

Flattersatz ohne
Trennungen

Fibelschrift

Textbegleitende
Illustrationen

Elternhaus ein Stück näher. Doch er konnte
sich nicht freuen. Er musste daran denken,
was die Eule gesagt hatte. So gern wollte Nils
wieder ein Mensch werden! Aber sollte er
seinen Freund Martin zurück in den Stall
bringen? Der Vater wollte ja Martin
schlachten. Nils stellte sich vor, wie
Daumenfein und die sechs jungen Gänse
weinen würden. Und er selber müsste auch
weinen.

»Dann bleibe ich eben ein Zwerg!«, beschloss
Nils schweren Herzens. Als Zwerg wollte er aber
nicht auf dem Bauernhof zurückkommen. Da
wäre es wohl besser, für immer bei den Gänsen
zu bleiben. Martin und Daumenfein sollten seine
Familie sein.

Am nächsten Tag ließ Akka die Gänse schon
früh am Tag in einem Moor landen. Die
Jungen sollten sich ausruhen und neue Kräfte
sammeln. Akka selbst hatte etwas Besonderes
vor.

»Nils, du kommst mit mir!«, befahl sie.

55

Innenseite aus „Nils Holgersson"

Heidi, Peter Pan und all die anderen – wer kennt sie nicht? Ihre Geschichten haben
Generationen von Kindern verschlungen und sie haben bis heute nichts von ihrer
Faszination eingebüßt. Nun gibt es sie neu erzählt in einfachen Texten, die richtig
Lust machen aufs Selberlesen.

In Zusammenarbeit mit
westermann